Titolo | Si scrive così… o come?
Autore | Mario Atzori
ISBN | 978-88-91153-01-2

Youcanprint *Self-Publishing*
Via Roma, 73 – 73039 Tricase (LE) – Italy
www.youcanprint.it
info@youcanprint.it
Facebook: facebook.com/youcanprint.it
Twitter: twitter.com/youcanprintit

Al nipotino Andrea,
tra una ninnananna e l'altra.

DUBBI PIÙ FREQUENTI SULLE PAROLE IN USO

Mario Atzori

Si scrive così… o come?

I dubbi e gli errori più comuni
nella scelta delle parole
della lingua italiana; accenti,
apostrofi e altro ancora.

Introduzione

Quando ci si accinge a scrivere qualcosa d'importante come un documento, un articolo per il proprio giornale, una relazione peritale, una sentenza, un discorso, una diagnosi, una relazione di bilancio o semplicemente una lettera indirizzata a una ditta o a una persona di riguardo, ci assale spesso, indipendentemente dalla nostra cultura, qualche dubbio sulla corretta scrittura di qualche termine.

Può trattarsi di una congiunzione, di un pronome, di un apostrofo o di un accento.

In questi casi, non sempre c'è di aiuto un vocabolario, specie se si tratta di termini composti che potremmo dover scrivere in un'unica parola (tutto attaccato, per intenderci) ovvero in due, magari con l'aiuto dell'apostrofo.

A me è capitato spesso: quando ero intento a scrivere un articolo, delle dispense e un paio di libri.

Il problema mi si è parato davanti in modo prepotente, in questi ultimi tempi, durante la scrittura di un romanzo. Lo confesso, ho più volte rischiato di incorrere in molti degli errori più comuni cui si è maggiormente soggetti.

A mano a mano che scrivevo, mi assalivano dei dubbi e, volta per volta, m'impegnavo nella ricerca della soluzione più appropriata.

Ho consultato tutti i dizionari in mio possesso, quelli on line e diversi blogs su internet. Ho rivisitato testi di grammatica e di sintassi e persino dei buoni dizionari della lingua latina.

Ero certo che appuntando i risultati della mia indagine, avrei potuto risparmiare ad altri la fatica toccata a me.

Lungi dalla pretesa di considerare questa mia guida esaustiva, essa vuole essere tuttavia di aiuto a quelle persone che non hanno molto tempo a disposizione per potersi documentare.

Ho fatto un lavoro semplice e diretto, esposto in ordine alfabetico.

Cito sempre per primo il termine corretto ed eventualmente quello/lli alternativo/vi in grassetto; *poi quello errato, in corsivo.*

Può accadere che una locuzione sia indicata come errata e poi, poco più avanti, la si ritrovi come primo termine corretto: la cosa dipende dal significato che il vocabolo assume di volta in volta nel discorso.

Quando possibile faccio sempre degli esempi e se talvolta possono apparire banali, bisogna però considerare che il loro scopo è soltanto quello di rendere facile a chiunque la loro comprensione.

Chiedo venia a chi, non ne avrebbe avuto bisogno.

D'altra parte, quando non era strettamente indispensabile, ho anche evitato di infilarmi nel ginepraio delle giustificazioni, comprese quelle etimologiche. Infatti, non desideravo assolutamente sostituirmi in alcun modo ai vocabolari, ai dizionari né, soprattutto, ai docenti della lingua italiana, di cui tutti abbiamo bisogno.

Nella seconda, brevissima parte del testo, ho affrontato in modo elementare il problema degli accenti obbligatori e qualche altra, spero utile, piccola regola.

Mario Atzori

A

A BIZZEFFE (Corretto)
o
ABBIZZEFFE **(Errato)**

A bizzeffe, significa "molto, in grande quantità". Sembra che derivi dal termine arabo "Bizzaf" il cui significato è appunto "molto". Altri linguisti sarebbero più propensi a ritrovare l'etimo del termine nella consuetudine dei magistrati romani di rafforzare la sentenza esecutiva "Fiat", cioè "Sia Fatto" ripetendola due volte e abbreviandola con una doppia "F" cioè "FF", vale a dire "Bis F", da cui "BIZZEFFE".
Es. "Abbiamo colto uva a bizzeffe"
"Ci sono riserve a bizzeffe"

A CORPO A CORPO (Corretto)
o
CORPO A CORPO **(Errato)**

Es. "Hanno avuto uno scontro a corpo a corpo".
Secondo molti linguisti, la locuzione *corpo a corpo* sarebbe errata.
In realtà essa è entrata nell'uso comune, per cui è facile trovare l'esempio di cui sopra scritto nel modo seguente: "Hanno avuto uno scontro corpo a corpo".
Tuttavia l'esempio corretto sarebbe quello citato per primo.

A DUE A DUE (Corretto)
o
DUE A DUE **(Corretto)**

A FIANCO (Corretto)
o
AFFIANCO **(Errato)**

Es. "Correva a fianco a me".
"Nel momento del bisogno mi è sempre stato a fianco".

"Affianco", errato nel significato di cui sopra, è invece corretto come voce del verbo affiancare, prima persona singolare del presente indicativo.
Es. "Ti affianco in ogni tua decisione".

A GOCCIA A GOCCIA (Corretto)
O
GOCCIA A GOCCIA   **(Errato)**

Es. "Mi ha portato via tutto a goccia a goccia".

A MANO A MANO   **(Corretto)**
O
MAN MANO (MANO MANO) (Corretto)
O
MANO A MANO   **(Errato)**

Es. "A mano a mano che avanzavamo, s'intravedeva la costa".
    "Man mano che scriveva eseguiva le correzioni".

A ME   (Corretto)
O
A ME MI   **(Errato)**

Es. "A me piace quella macchina".
Se vogliamo, l'errore è tale in quanto pleonastico (ripetizione). Ma sempre di errore si tratta. Es. di errore: "A me mi piace nuotare".

A MO' (Corretto)
O
A MO **(Errato)**

Significa "Come"
Es."Ha usato un bastone a mo' di clava". Cioè: "Ha usato un bastone come una clava".

"A mo'" è la versione tronca di "a modo", mentre"a mo" non significa niente.

A PASSO A PASSO (Corretto)
O
PASSO A PASSO   (Errato)

Un passo dopo l'altro, un po' alla volta.
Es. "Completerai gli studi a passo a passo".

A POCO A POCO (Corretto)
O
POCO A POCO   (Errato)

Es. "Pagherò il mio debito a poco a poco"

A POSTO   (Corretto)
O
APPOSTO (Errato)

Significato di "Mettere qualcosa a posto".
Es. "Mise a posto le chiavi".
"Apposto" è errato nel senso di cui sopra, ma è invece corretto con il significato di "Apporre". È infatti participio passato di questo verbo.
Es. "Una volta apposte le nostre firme, il contratto è valido e in regola."

A PROPOSITO   (Corretto)
O
APPROPOSITO   (Errato)

Es. "A proposito, quando ne vogliamo parlare?".

12

"Fece un intervento a proposito dei finanziamenti effettuati dalla sua banca".

A SPALLA A SPALLA (Corretto)
O
SPALLA A SPALLA   **(Errato)**

Es. "Nella corsa arrivarono a spalla a spalla".

A VOLTE   (Corretto)
O
AVVOLTE   **(Errato)**

Forma corretta con il significato di "Talvolta, qualche volta".
Es. "A volte mi fa perdere la pazienza".
"Avvolte", forma errata nel significato di cui sopra. Infatti, così esposto, si tratta del participio passato del verbo "avvolgere".

ABBASTANZA (Corretto)
O
A BASTANZA   **(Errato)**

ABBIANO (Corretto)
O
ABBINO   **(Errato)**

Es."Spero che abbiano fortuna"
Ma non già: "Spero che abbino fortuna".

ABOMINEVOLE   (Corretto)
O
ABBOMINEVOLE   **(Errato)**

ABORRIRE (Corretto)
O
ABBORRIRE **(Errato)**

Es. "Aborrisco la menzogna". (Transitivo)
    "Aborrisco dalla vista della violenza". (Intransitivo)

ACCANTO (Corretto)
O
A CANTO   **(Errato)**
O
ACANTO   **(Errato)**

Nella modalità corretta ha il significato di:"Vicino", "Allato", "A fianco".
Avverbio che è sempre seguito dalla preposizione "a"
Es. "Stai accanto a me"
Il termine "Acanto" ha un diverso significato, esso indica infatti un tipo di erba o pianta, nonché l'ornamento e fregio presente nella colonna dell'ordine architettonico Corinzio. *

* *Gli altri ordini sono: "Tuscanico", "Dorico", "Ionico" e "Composito"*

ACCELERARE   (Corretto)
O
ACCELLERARE   (Errato)

Quanti sbagliano, soprattutto nel parlare!

ACCOMUNARE (Corretto)
O
ACCOMMUNARE (Errato)

ACCUDIRE A   (Corretto)
O
ACCUDIRE IL (Corretto)

Il verbo può essere transitivo o intransitivo perciò si deve prestare
particolare attenzione al suo uso:
Es. di uso intrans. "Accudire alla casa".
Es: di uso trans.   "Accudire i bambini".
                     "Accudire un ammalato".
È errato dire: "Accudire la casa".
                     "Accudire ai bambini".
                     "Accudire a un ammalato".

ACERRIMO (Corretto)
O
ACRISSIMO (Raro, ma con diverso significato)

Acerrimo è superlativo assoluto di acre. Ha il significato di
"accanito".
Acrissimo, non sarebbe errato, ma è impiegato raramente con il
significato di sapore agro e forte.
Es. "L'amministratore della società è un mio acerrimo nemico".
    "Il limone aveva un sapore acrissimo".

ALL'INCIRCA (Corretto)
O
ALLINCIRCA   **(Errato)**

AD   (Corretto)

Bisogna precisare che la "d", in questo e in altri casi, è detta
eufonica, perché di suono gradevole.
L'uso di "ad" invece di "a" è corretto quando è utile per meglio le-
garsi alla parola successiva. Di solito si tratta di parole che iniziano
per "a".

Esempi: "Ci incontreremo *ad* Anzio".
        "Lo dirò *ad* Antonio".
Ma potremmo egualmente, in modo corretto, dire *"a Anzio, a Antonio"*. Si potrà però notare che il suono non è esattamente eufonico, né scorrevolissimo.

ADDOSSO (Corretto)
O
A DOSSO   **(Errato)**

Es. "Mi venne addosso perché era distratto".
    "Mi è caduto il mondo addosso".
La locuzione "a dosso", con il significato di cui sopra, è errata, perché esprime diversi altri significati. Ad esempio, potrebbe significare "sul dosso", cioè sopra una prominenza del terreno etc.

ADEMPIERE (Corretto)
O
ADEMPIRE   (Corretto)

Dal latino "adimplere".
Ambedue le forme sono corrette

AEROPLANO   (Corretto)
O
AEREOPLANO   **(Errato)**

Benché si scriva "aereo" nella sua forma contratta, il termine corretto è "aeroplano". Dunque la giustificazione sta nel fatto che il termine "aeroplano" è stato mutuato dal francese "aéroplane". Senza nulla togliere al francese, è giusto però considerare che l'etimologia è latina: "aer" e "planus".

AEROPORTO   (Corretto)

O

AEREOPORTO   (Errato)

Quanto detto per "aeroplano" vale anche per "aeroporto".

A DUE A DUE   (Corretto)

O

DUE A DUE   (Errato)

Es. "Bisogna entrare a due a due".
"Due a due" non è corretto. Vale quanto detto per "Corpo a corpo". Non si può dire "Bisogna entrare due a due".

AFFATTO   (Corretto)

O

A FATTO   (Errato)

Il significato dell'avverbio "affatto" è "interamente", "del tutto", "per tutto".
Es. "Abbiamo punti di vista affatto diversi" Cioè "Abbiamo punti di vista del tutto diversi."
È usato anche come rafforzativo nelle espressioni negative.
Es. "Non ho affatto fame." Nel senso di "Non ho per niente fame".

AFFITTASI   (Corretto usato al singolare)

O

AFFITTANSI (Corretto usato al plurale)

"Affittasi" è corretto se riferito a un solo oggetto.
Es. "Affittasi appartamento" ma non "affittasi appartamenti".
In questo caso impiegheremo la forma "affittansi appartamenti".
In realtà non si fa che vedere cartelli o annunci pubblicitari con la scritta: "VENDESI APPARTAMENTI", O "AFFITTASI APPARTAMENTI".

AL DI LÀ   (Corretto)
O
ALDILÀ   **(Errato)**

"Al di là", locuzione corretta con il significato di "Oltre".
Es. "Al di là del muro"; "al di là di ogni ragionevole dubbio".
"Aldilà" invece, ha un altro significato e non va impiegato con quello di "oltre", infatti significa: "l'altro mondo".

AL DI SOPRA (Corretto)
AL DISOPRA (Corretto)
O
ALDISOPRA   **(Errato)**

Es. "Al di sopra del muro c'era una finestra".
    "Al disopra dell'attico non c'è terrazza".

AL DI SOTTO (Corretto)
AL DISOTTO (Corretto)
O
ALDISOTTO   **(Errato)**

Es. "Al di sotto del tetto ci sono i pilastri".
    "Al disotto del pavimento ci sono le fondazioni".

ALCOL   (Corretto)
O
ALCOOL (Corretto)

Entrambe le forme sono corrette, ma quella più usata è "Alcol".

ALDILÀ   (Corretto)
O
AL DI LÀ   **(Errato)**

Corretto con il significato: "Nell'aldilà, nell'altro mondo".
Es. "Un giorno ci ritroveremo nell'aldilà".

Come già detto "al di là" ha altro significato.

ALLATO (Corretto)
O
A LATO   **(Errato)**

Termine corretto se indica: " Nel lato accanto".
Es. "La persona che gli stava allato era importante".

ALL'INCIRCA (Corretto)
O
ALLINCIRCA   **(Errato)**

Significato: "Quasi", "pressappoco".
Es. "Avranno partecipato alla riunione all'incirca cento persone"

ALLORA   (Corretto)
O
ALL'ORA   **(Errato)**

Il significato è "Quando, allorché, a quel tempo". Ma assume spesso anche senso esortativo, come l'invito a prendere una decisione:
Es. "Allora…ti decidi!"

ALLORCHÉ   (Corretto)
O
ALLOR CHE   **(Errato)**
ALL'OR CHE   **(Errato)**

"Allorché",avverbio che significa: "nel momento in cui; quando".
Es. "Allorché decidemmo, era troppo tardi".
   "Sembrava tranquillo allorché s'infuriò nuovamente".
Tuttavia, talvolta possiamo trovare corretto anche "Allor che". Per esempio nella poesia "A Silvia" del Leopardi, quando recita
"…*allor che* all'opre femminili intenta sedevi…"

ALMENO   (Corretto)
O
AL MENO   (Corretto)

"Come minimo", "Anche soltanto", "Se non altro"
Es. "Fai almeno le pulizie di casa!"
    "Almeno fagli avere tue notizie…"
L'uso della forma "al meno" è errato, o comunque desueto.

ALTIFORNI   (Corretto)
O
ALTOFORNI   **(Errato)**

ALTOPIANO (Corretto)
O
ALTIPIANO   (Corretto)

ALTOPIANI (Corretto)
O
ALTIPIANI   (Corretto)

ALTORILIEVI (Corretto)
O
ALTIRILIEVI   **(Errato)**

ALTRIMENTI   **(Corretto)**
O
ALTRI MENTI   **(Errato)**

Es. "Aspettami, altrimenti mi offendo".

A MENO CHE   (Corretto)
O
AMMENOCCHÈ   **(Errato)**

Es. "A meno che non ci ripensi, ti aumenterò lo stipendio".

AMMORTIZZARE (Corretto)
O
AMMORTARE   (Corretto)

AMPLISSIMO   (Corretto)
O
AMPISSIMO   (Corretto)

Il termine "amplissimo" è da preferirsi ad "ampissimo".

A PROPOSITO   (Corretto)
O
APPROPOSITO   (Errato)

Es. "A proposito, quando ne vogliamo parlare?".
    "Fece un intervento a proposito dei finanziamenti effettuati dalla sua banca".

ABBASTANZA   (Corretto)
O
A BASTANZA   (Errato)

Avverbio che significa "A sufficienza". È usato anche come aggettivo con il significato di "Molto ma non troppo".
Es. "Ho mangiato cibo abbastanza buono."
    "Avrei potuto ottenere di più, tuttavia sono abbastanza soddisfatto del risultato conseguito".

ABBIANO (Corretto)
O
ABBINO   (Errato)

Voce del verbo avere, terza persona plurale, presente del modo congiuntivo.
Es. "Speriamo che abbiano fortuna".
Spesso si trova scritto in modo erroneo "abbino".

ADEMPIERE   **(Corretto)**
A DEMPIRE   **(Corretto)**
O
ADEMPIERE A   **(Errato)**
ADEMPIRE A   **(Errato)**

Significato: "Eseguire, svolgere con diligenza".
Es. "Adempiere un dovere, un compito, una preghiera".
Notate che le forme corrette reggono il complemento oggetto che, come ricorderete, risponde alla domanda "Chi? Che cosa?"

ALLORA   **(Corretto)**
O
ALL'ORA   **(Errato)**

Avverbio che significa: in quel tempo.
Es. "Allora era di moda il Loden".

ANALISI   **(Corretto)**
O
ANALIS   **(Errato)**

Es. "Analisi logica",
    "Analisi del sangue",
    "Analisi dei bilanci".
Questo sostantivo è usato in modo invariato tanto per il singolare che per il plurale.
"Analis" è errore ricorrente, specie nel linguaggio parlato.
Molti hanno infatti la tendenza a eliminare la "i" finale.

ANCORCHÉ   (Corretto)

O

ANCOR CHE   (Corretto)

Si scrive in ambedue i modi.
Significa: "Benché, quantunque, sebbene".
Es. "Andai a cena ancorché non avessi fame".
   "Ottenne un buon voto ancorché non avesse studiato".
Come si potrà notare questa congiunzione richiede l'uso del congiuntivo.

ANNAFFIARE   (Corretto)

O

INNAFFIARE   (Corretto)

ANZITEMPO   (Corretto)

O

ANZI TEMPO   (Corretto)

Si impiegano ambedue i modi
Es. "Arrivai anzitempo all'appuntamento".
   "Per fortuna mi sono iscritto al corso anzi tempo".

ANZITUTTO   (Corretto)

O

ANZI TUTTO   (Corretto)

Es. "Anzitutto esigo la puntualità".
   "Anzi tutto l'onestà!"

APPOSIZIONE   (Corretto)

O

A POSIZIONE   (Errato)

Per semplificare, diciamo che l'apposizione è un sostantivo che ne rafforza un altro.

Es. "La fretta, *cattiva consigliera*, rovinò ogni cosa". Dove "cattiva consigliera" è l'apposizione.

"Apposizione" è anche l'atto di "Apporre".

Es ."Fummo chiamati dal notaio per l'apposizione della firma".

APPOSTO   (Corretto)
O
A POSTO   (**Errato**)

Participio passato del verbo apporre.

Es. "Ho apposto la firma sul documento".

"A posto" è errato con il significato di "apporre". Significa infatti "Al posto giusto; al suo posto".

APPUNTO   (Corretto)
O
A PUNTO   (**Errato**)

Il significato corretto di "appunto" è. "Proprio", "proprio così". In questo caso è avverbio; come sostantivo significa invece "annotazione".

"A punto" nel significato avverbiale è arcaico o comunque desueto. Vi è poi il significato del complemento di modo o maniera per cui è possibile dire: "Messa a punto del motore".

ATTORNO   (Corretto)
O
A TORNO   (**Errato**)

Es. "Mi sta sempre attorno".
     "Attorno a noi c'è molto verde".

AUSILIARE   **(Corretto)**
O
AUSILIARIO   **(Corretto)**

Sono entrambi termini corretti, ma spesso si fa confusione.
In ambo i casi si tratta sempre di "aiuto", ma nel primo ci si riferisce ai verbi "essere" e "avere" nel secondo ad un aiutante.
Es. "Ha avuto", "È piovuto".
   "Ausiliario della sosta".
   "Infermiere ausiliario".

AUTENTICAZIONE   **(Corretto)**
O
AUTENTIFICAZIONE   **(Corretto)**

"Autentificazione" è poco usato. Di solito lo si ritrova nel linguaggio burocratico.

A VOLTE   **(Corretto)**
O
AVVOLTE   **(Errato)**

"Talvolta", "qualche volta", "ogni tanto".
Es. "A volte mi capita di dimenticare le chiavi"
"Avvolte", errato. Corretto se usato come participio passato del verbo "avvolgere"

B

BAGNARE (Corretto)

O

BAGNIARE (Errato)

BE' (Corretto)

O

BÈ (Errato)

Affermazione, concessione, conclusione di un discorso.
Ma anche intercalare, all'inizio di una domanda.
In sostanza, per troncamento, è l'abbreviazione di "Bene".
Es. "Be', se la pensi così…".
   "Be', te lo concedo".
   "Be', ci vedremo domani".
   "Be', ti è piaciuto?".
Si noterà che la grafia della locuzione è caratterizzata da apostrofo
e non già da accento.

BEH (Corretto)

O

BHE (Errato)

Vale quanto detto per l'interiezione "BE' ". Cioè può essere
affermazione, concessione, conclusione di un discorso. Ma anche
intercalare, all'inizio di una domanda.
Gli esempi sono gli stessi impiegati per "BE' ".

BENCHÉ (Corretto)

O

BEN CHE (Errato)

"Ancorché", "quantunque", "sebbene".
Es. "Benché l'avessi cercato in tutti i negozi, non trovai quel
modello che mi piaceva tanto".

BENEVOLO   (Corretto)

O

BENEVOLE   **(Errato)**

"Benevolo" deriva dal latino "benevolus".
"Benevole" è comunque una forma arcaica.

BENSÌ   **(Corretto)**

O

BEN SÌ   **(Errato)**

Congiunzione che significa: "Ma", "però", "invece".
Es. "Non consegnarono a me il pacco, bensì al mio vicino".

BRACCIA   **(Corretto)**

O

BRACCI   **(Corretto)**

I due termini sono corretti, ma con significati del tutto diversi. Essi sono però ambedue plurale di "braccio", sostantivo che, riferito agli arti superiori, al plurale diventa femminile; riferito a oggetti, al plurale conserva il genere maschile.

Es. "Le braccia del corpo".
    "I bracci del porto".

BRAV'UOMO   **(Corretto)**

O

BRAVUOMO   **(Errato)**

La locuzione "brav'uomo" è corretta per via dell'elisione (è stata cioè eliminata la "o" di bravo. No si tratta di apostrofo, si badi bene.)

BUON UOMO   (Corretto)

O

BUONUOMO   **(Errato)**

"Buon" è il troncamento di buono e quale aggettivo può essere usato tal quale davanti a qualsiasi sostantivo (un buon pasto; un buon peso; un buon animale etc.)
Come si può notare la cosa è differente dalla locuzione "Brav'uomo", dove l'aggettivo "bravo" subisce l'elisione della "o".

BUONASERA   (Corretto)

O

BUONASSERA   **(Errato)**
BUONA SERA   **(Errato)**

BUONGIORNO   (Corretto)

O

BUON GIORNO   **(Errato)**

C

C'È (Corretto)

O

CI È (Corretto)

Sì, le due forme sono entrambe corrette. Bisogna però distinguerne l'impiego. Facciamo due esempi:

Es. "C'è qualcuno a cui interessa quel libro".

"Ci è stato detto dove dobbiamo recarci".

Nel primo esempio è stata effettuata un'elisione. "C(i) è qualcuno...". Si tratta di avverbio di luogo: come dire "qui è qualcuno a cui interessa...".

Nel secondo esempio "Ci" è pronome personale e sta per "a noi".

C'ENTRARE (Corretto)

O

CENTRARE (Corretto)

Entrambi i termini sono corretti, ma con significati diversi.

Nel primo caso si vuol dire "avere attinenza", "essere pertinente". Ma usato all'infinito, questo "verbo", non è molto bello ("Ciò che dici può non c'entrare niente"). Sarebbe più elegante dire "Ciò che dici potrebbe essere fuori tema".

Nel secondo caso il verbo significa "Centrare il bersaglio", "centrare il discorso" etc.

CACHI (Corretto)

O

KAKI (Corretto)

Il termine corretto è "Cachi" (anche al singolare: Es. "Un cachi")
Kaki è ugualmente corretto, ma resta sempre un termine esotico.

CAFFELLATTE (Corretto)
O
CAFFELATTE   (Corretto)

Il termine "Caffellatte" è da preferirsi a"caffelatte", peraltro, anch'esso corretto

CASOMAI   (Corretto)
O
CASO MAI   (Corretto)

Queste congiunzioni sono entrambe corrette.
Es. "Domani non mi è possibile: casomai ci vediamo sabato".
    "Non prendo primo, caso mai consumerò due secondi".

CELEBERRIMO   (Corretto)
O
CELEBRISSIMO   (Corretto)

Superlativo assoluto di "Celebre"
Es. "È un celeberrimo scrittore" (cioè notissimo).
Secondo alcuni il termine "celebrissimo" non sarebbe errato, ma i puristi ne sconsigliano l'uso.

CHÉ   (Corretto)
O
CHE   **(Errato)**

Congiunzione, con il significato di "perché o poiché".
Es. "Non credergli ché son tutte frottole!"
La congiunzione "Che" (priva di accento) è errata se usata nel senso di cui sopra, ma non lo è se impiegata come negli esempi sottostanti:
Es. "L'arbitro disse che il tempo era scaduto"

Es. "L'arbitro, che era stato attento, assegnò il rigore alla squadra ospite".

CHEROSENE   (Corretto)
O
KEROSENE   (Corretto)

Usabili indifferentemente in entrambi i modi.

CHIACCHIERA (Corretto)
O
CHIACCHERA   (**Errato**)

CHIAMARE QUALCUNO   (Corretto)
O
CHIAMARE A QUALCUNO   (**Errato**)

Chiamare regge il complemento oggetto e risponde alla domanda "Chiamare chi, che cosa?".
Es. "Chiamo mia sorella".
Errato quindi "Chiamare a chi, a che cosa?"

CHILOGRAMMO   (Corretto)
O
KILOGRAMMO   (Corretto)

Entrambe le forme sono corrette.

CHISSÀ   (Corretto)
O
CHI SA   (Corretto)

Es. "Chissà se sarà vero!".

Cioè mi chiedo se il fatto sia o meno vero. Potrebbe esserlo o meno e resto nel dubbio.
"Chi sa" è però forma corretta con diverso significato. Per esempio: "Chi sa, parli!".

CIÒ NONDIMENO   (Corretto)
CIONONDIMENO   (Corretto)
CIONNONDIMENO (Corretto)
O
CIÒ NON DIMENO   **(Errato)**
CIÒ NON DI MENO   **(Errato)**

Significa: "Malgrado ciò", "tuttavia".
Es. "Mi ha fatto del male, ciò nondimeno gli voglio ancora bene".
È la forma più corretta, ma secondo l'Accademia della Crusca, sarebbero corretti anche i due termini seguenti: "Cionondimeno", "cionnondimeno".

CIONONOSTANTE   (Corretto)
CIÒ NONOSTANTE   (Corretto)
O
CIÒ NON OSTANTE   **(Errato)**

Es. "Lo ha tradito: ciononostante la ama ancora"
    "È caduto in disgrazia: ciò nonostante gli è rimasta amica".

COMPLEMENTARITÀ   (Corretto)
O
COMPLEMENTARIETÀ (Errato)

"Complementarità" deriva dall'aggettivo "complementare" a cui si aggiunge il suffisso "ità", dopo aver eliminato la "e".

CONCISO   (Corretto)
O
COINCISO   (Corretto)

"Conciso" significa "breve", "stringato ed efficace" etc. "Coinciso" è errato se usato nel significato di cui sopra, ma è corretto come participio passato di "coincidere", cioè "corrispondere", "essere la stessa cosa".
Es. "Ha uno stile conciso"
   "I due significati hanno coinciso perfettamente".

CONCRETIZZARE   (Corretto)
O
CONCRETARE   (Corretto)

CONTROVOGLIA   (Corretto)
O
CONTRO VOGLIA   (Corretto)

COSCIENTE   (Corretto)
O
COSCENTE   (Errato)

COSCIENZA   (Corretto)
O
COSCENZA   (Errato)

Significato di: "Coscienza": "consapevolezza", "capacità di valutazione morale".

CULINARIA   (Corretto)
O
CUCINARIA   (Corretto)

Significato del termine "Culinaria": "Arte del cucinare".
"Cucinaria" è sinonimo di "culinaria", ma secondo alcuni sarebbe errato. Sicuramente è impiegato con minor frequenza di "culinaria".

D

DA   (Corretto)
O
DÀ   **(Errato)**

"Da", forma corretta come preposizione semplice.
Es. "Sono amici da sempre".
   "Viene da lontano".
"Dà", forma errata se usata come preposizione semplice.

DÀ   (Corretto)
O
DA   **(Errato)**

"Dà", forma corretta con il significato di "Dare"
Terza persona singolare, presente indicativo del verbo dare.
Es. "Egli dà spesso una mano d'aiuto".
"Da", forma errata se usata come verbo.

DA CAPO   **(Corretto)**
O
DACCAPO   **(Corretto)**
O
D'ACCAPO   **(Errato)**

Bisogna dire che la terza forma, indicata come errata, sta entrando con prepotenza nella lingua scritta. Le nostre ricerche ci dicono che allo stato deve essere considerata forma sbagliata.

DA RIPORTARE (Corretto)
O
A RIPORTARE   **(Errato)**

Nella modalità indicata come errata, l'accezione è tuttavia largamente usata.
Es. di forma corretta: " Da riportare € 100,0".
                            " € 100,00 da riportare".

DA' **(Corretto)**
O
DA **(Errato)**

Attenzione,"da' ", con l'apostrofo, si usa soltanto come seconda
persona singolare del modo imperativo del verbo dare. L'apostrofo,
in questo caso, è un'elisione della "i" dal verbo completo che
sarebbe "Dai".
Es. "Da' qualche moneta a tuo figlio!"
La forma "da", come già visto, non può essere usata come
imperativo, perché preposizione semplice. Né può essere usato
"dà" perché terza persona singolare del presente indicativo
(ovviamente del verbo dare).

DABBASSO **(Corretto)**
O
DA BASSO **(Corretto)**

D'ACCORDO **(Corretto)**
O
DACCORDO **(Errato)**

D'ALTRONDE **(Corretto)**
O
DALTRONDE **(Errato)**

Es. " Non andammo alla riunione: d'altronde nessuno di noi aveva
qualcosa da dire".

DAPPERTUTTO **(Corretto)**
DA PER TUTTO **(Corretto)**
O
DAPERTUTTO **(Errato)**

Es. corretto: "Siamo stati insieme dappertutto".
            "Me lo ritrovo sempre da per tutto"

DAPPOCO   **(Corretto)**
O
DA POCO   **(Corretto)**

Si scrivono correttamente ambedue i termini, ma con significato diverso.
Nel primo caso :"di scarso valore", "di scarsa importanza".
Es. "Era un avvocato dappoco".
Nel secondo caso: "Cosa da poco", "irrilevante".
Es. "Si tratta di un danno da poco".

DAPPRESSO   **(Corretto)**
O
DA PRESSO   **(Corretto)**

Si scrivono ambedue i termini con il significato di: "Vicino", "presso".
Es."Gli stava sempre dappresso".
   "Da presso troverete una citazione interessante".

DAPPRIMA   **(Corretto)**
O
DA PRIMA   **(Corretto)**

Sono corrette ambedue le forme. Ma secondo alcuni "dapprima" è una sola parola. Possiamo tranquillamente usare le due forme senza timore di sbagliare.
Es. "Dapprima (da prima) pensai male di lui, ma poi dovetti ricredermi".

DAPPRINCIPIO   (Corretto)
O
DA PRINCIPIO   (Corretto)

Ambedue le forme sono corrette.
Es. "Ricominciammo tutto dapprincipio (da principio)".

DAVVERO   (Corretto)
O
DA VERO   **(Errato)**
DAVERO   **(Errato)**

Es. "Era davvero bella!".
    "È una notizia davvero gradita!".
Le altre sono ambedue forme errate

DEROGARE A   (Corretto)
O
*DEROGARE DA   **(Errato)***

Es. "Derogare a una legge" (porre una o più eccezioni a una legge)

DESSE   (Corretto)
O
*DASSE   **(Errato)***

La modalità corretta è la terza persona, dell'imperfetto nel modo congiuntivo del verbo dare.
Es. "Era molto importante che mi desse il suo assenso."

DI   (Corretto)
O
*DÌ   **(Errato)***

La modalità corretta è preposizione semplice

Es. "è tempo di migrare…"
"L'onomastico di Antonio".

DÌ (Corretto)
O
DI **(Errato)**

"Dì", sostantivo (Giorno).
Es. "Guadagna cinquanta euro al dì".
La voce errata lo è se usata con funzione diversa da quella di preposizione semplice

---

DI' (Corretto)
O
DI **(Errato)**

Imperativo del verbo dire, seconda persona singolare.
Es. "Di' tutto ciò che sai, o sarai arrestato!"

DI FRONTE (Corretto)
O
DIFRONTE (Corretto)

Es. "Me la trovai di fronte" o "difronte".

DI GIÀ (Corretto)
O
DIGGIÀ **(Errato)**

Avverbio, corrispondente a "già".
Es. "Aveva di già provveduto".

DIDIETRO (Corretto)
O
DI DIETRO (**Errato**)

Es. "In macchina avrei preferito il posto didietro"
   "Se non ti sposti, ti do un calcio nel didietro!"

DINANZI   (Corretto)
DINNANZI (Corretto)
O
DI NANZI   (**Errato**)
D'INANZI   (**Errato**)

Si scrive in entrambi i primi due modi.
Es. "Dinanzi a me girava il modo".
   "Dinnanzi a voi c'è un radioso futuro"

DISOTTO   (Corretto)
O
DI SOTTO   (Corretto)

Entrambi i modi sono corretti
Es. "…Ogni sera disotto (di sotto) al mio balcone passano in tanti….".

DIVORZIAMO   (Corretto)
O
CI DIVORZIAMO   (**Errato**)

Si dice "Divorziamo", "abbiamo divorziato" e non"Ci divorziamo", "ci siamo divorziati"

DO   (Corretto)
O
DO'   (**Errato**)

Con il significato di "dare" (Modo indicativo, prima persona singolare del presente, si scrive senza accento o apostrofo).
È anche la prima nota musicale.

DOPODOMANI   (Corretto)
O
DOPO DOMANI   (Errato)

Es. "Dopodomani festeggerò il mio compleanno".

DOPOTUTTO   (Corretto)
O
DOPO TUTTO   (Corretto)

Si scrivono correttamente entrambe le forme.
Es. "Dopotutto è pur sempre mio fratello!"
    "Dopo tutto ci abbiamo guadagnato!"

DOVUNQUE   (Corretto)
O
D' OVUNQUE   (Errato)

Es. "Dovunque tu vada lo trovi sempre".

E

È   **(Corretto)**
O
É   **(Errato)**

Forma corretta come voce del verbo essere, presente indicativo, terza persona singolare. Il verbo è riportato tra le voci poste in dubbio unicamente per il genere di accento richiesto che, come si può notare, deve essere "grave" e non "acuto".

È PIOVUTO   **(Corretto)**
O
HA PIOVUTO   **(Corretto)**

"È piovuto" sarebbe la forma corretta (piovere, tuonare, nevicare etc. sono verbi impersonali), ma anche l'impiego dell'ausiliare "avere" è entrato ormai nell'uso comune.
I puristi protestano, ma nessuno inorridisce.
Dunque entrambe le forme possono definirsi corrette.

EBBENE   **(Corretto)**
O
E BENE   **(Errato)**

Solitamente a conclusione di un discorso.
Es. "Ebbene, deciderò come meglio mi pare".
Ma anche come interrogativo a seguito di più o meno velata minaccia, o anche come invito a prendere una decisione: "Ebbene?" ("cosa hai deciso?"), ("cosa vorresti dire?"), ("cosa vorresti fare?")

ECLISSE   **(Corretto)**
O
ECLISSI   **(Corretto)**

Ambedue le forme sono corrette.

ELLISSE (Corretto)
O
ELLISSI (Corretto)

I due termini in sé sono entrambi corretti. Ovviamente ciascuno con il proprio significato:
"Ellisse": figura geometrica e orbita generata da un corpo celeste.
"Ellissi" : figura retorica che omette delle parole nel discorso:
Es. "Ho gustato la torta, tu le paste" (Ho gustato la torta, tu *hai gustato* le paste").

EMAIL (Corretto)
O
E-MAIL (Superato)

EBBREZZA (Corretto)
O
EBREZZA (Raro)

Es. "Dopo le copiose libagioni sopraggiunse l'ebbrezza".
   "Provò l'ebbrezza della discesa libera".
Da preferirsi a: "Ebrezza".

ENTRAMBI (Corretto)
O
ENTRAMBE (Corretto)

"Entrambi" usato per il maschile e per il plurale di genere misto.
"Entrambe" impiegato per il genere femminile.
Es. "Roberto e Luciano sono entrambi studenti"
   "Francesco e Marta frequentano entrambi l'università"
Es. "Federica e Silvia sono entrambe fidanzate"

ENTUSIASTA (Corretto)
ENTUSIASTI (Corretto)
ENTUSIASTE (Corretto)
O
ENTUSIASTO (Errato)

Nel primo caso: maschile e femminile; nel secondo: plurale maschile; nel terzo: plurale femminile.
Es."Mariano era entusiasta del nuovo telefonino".
"Lucia è entusiasta della sua nuova macchina".
"I professori si mostrarono entusiasti per le lavagne luminose".
"Le ragazze erano entusiaste del loro nuovo professore".
Anche persone di buona istruzione usano sovente l'aggettivo errato "Entusiasto", riferendolo al genere maschile.

EPPURE (Corretto)
O
E PURE (Errato)

Es. "Eppure sapeva che ci tenevamo!"
"Eppure ero convinto che avessi ragione io".

EVACUARE (Corretto)
O
EVAQUARE (Errato)

Significati molteplici: abbandonare, vuotare, andare di corpo etc.
Es. " È stata evacuata la città" (Abbandono della città da parte di tutti i cittadini).

F

FABBISOGNO (Corretto)
O
FA BISOGNO (Errato)

Ciò che necessita a qualsiasi titolo: "Danaro, cibo, vestiario etc.".
Es. "Cesare provvide per il fabbisogno di grano".

FACCIA (Corretto)
O
FACCI (Errato)

A parte il significato come sostantivo (faccia, viso), qui
consideriamo la terza persona singolare del presente congiuntivo:
Es. "Che egli faccia",
ma anche del modo imperativo:
Es. "Mi faccia il favore!".
    "Faccia silenzio!"
L'uso della modalità errata non è limitata soltanto ai comici!

FALCIDIA (Corretto)
O
FALCIDIE (Corretto)

In via del tutto eccezionale riportiamo di seguito la formazione
storica di questo sostantivo. Ovviamente a tutto profitto del lettore.
1° SIGNIFICATO. Il tribuno Publio Falcidio, nel 40 a.C. presentò
al senato romano una legge (poi approvata) che, indipendentemente
dalle clausole poste in testamento, garantiva agli eredi almeno la
quarta parte dell'asse ereditario. Appunto "La lex falcidia" che in
tempi più vicini ai nostri divenne la cosiddetta "Legittima".
2° SIGNIFICATO. Il significato del vocabolo è anche quello di
"Tara", "detrazione".
3° SIGNIFICATO. Nel linguaggio più comune, dal verbo
"falciare" origina il significato di "strage".
Es. "Nell'assalto alla banca avvenne una falcidia di clienti".

"La follia di Erode determinò una falcidia di neonati di sesso maschile".

FINCHÉ   (Corretto)
O
FIN CHE   (Errato)

Es. "Finché dura ne approfittiamo!".

FINORA   (Corretto)
O
FIN ORA   (Errato)
FIN'ORA   (Errato)

Es. "Finora non abbiamo avuto risposta".

FINTANTO   (Corretto)
O
FIN TANTO   (Errato)

Es. "Fintanto che stiamo bene restiamo"

FINTANTO CHE   (Corretto)
O
FINTANTOCHÉ   (Corretto)

Entrambe le forme sono corrette.
Es. "Fintanto che dura ne approfittiamo".
    "Fintantoché piove restiamo al riparo".

FRADICIO   (Corretto)
O
FRACIDO   (Errato)

"Fradicio" è attualmente la forma corretta che però deriva da "fra-cido" per metatesi (inversione di una parte della parola). Dunque, secondo l'etimologia, paradossalmente, sarebbe più corretto "fracido" (dal latino fracidus).
Ma, come già detto, oggi l'impiego del termine "fracido" è considerato errato

GIACCHÉ (Corretto)
O
GIÀ CHÉ   **(Errato)**

Es. "Giacché siamo in ballo, balliamo".

GIÙ   (Corretto)
O
GIU **(Errato)**

Es. **"I bambini sono giù in cortile che giocano".

GLI   (Corretto)
O
LE   **(Errato – Leggansi le considerazioni.)**

"Gli" merita un discorso particolare.
Corretto nel significato di "a lui" e "a loro". "Gli" è infatti pronome indiretto che si riferisce al maschile. In altre parole, se si parla di un uomo si dice per es. "Gli racconterò tutto" e non "Le racconterò tutto"; "Gli dirò" e non "Le dirò".
È errato parlando di una donna, usare il pronome "gli".
Il cenno a questo pronome va tutto approfondito particolarmente nel suo uso al plurale. Alcuni hanno timore di usare "gli" invece di "loro".
Non solo non è errore scrivere :" Mario e Maria ci hanno chiesto un favore e noi "gli" abbiamo risposto positivamente", ma è auspicabile. Altrimenti dovremmo scrivere sempre, correttamente, ma un po' più artatamente "…e noi abbiamo risposto "loro" positivamente."
È giustificato l'uso plurale anche riferito al femminile, perché "gli" deriva dal latino "illis" che era usato indifferentemente tanto per il plurale maschile che per il plurale femminile.
Ma è appunto errato se ci si riferisce a una singola donna

Es. errato: "Ho visto Claudia e gli ho riferito il tuo messaggio".
Impiegare il pronome "gli", riferito a una donna è quasi un vezzo:
se ne ha ogni giorno testimonianza persino da importanti conduttori
televisivi.

GLIELO **(Corretto)**
O
GLIE LO **(Errato)**

Il pronome personale gli seguito dai pronomi lo, la, li, le, ne, si
fonde con questi in un'unica parola: glielo, gliela, glieli, gliele,
gliene.

GRAN CHE **(Corretto)**
O
GRANCHÉ **(Corretto)**

Si usano correttamente ambedue le forme.
Es. "Quella torta non era granché".

GRATIS **(Corretto)**
O
A GRATIS **(Errato)**

La locuzione "a gratis" è usata prevalentemente in modalità
scherzosa, specie nel linguaggio parlato. Tuttavia accade di trovarla
anche in alcuni testi, per così dire, seri.

H

HEY   **(Corretto)**

O

HEI   **(Corretto)**

Espressione solitamente rivolta a qualcuno che rivolge la sua attenzione altrove o che appare distratto.

Es. "Hei tu: dove vai?"

I

IN FONDO   (Corretto)

O

INFONDO   (Errato)

Significa "alla fine, nel fondo".
Es. "In fondo è una brava persona".
     "In fondo alla stiva della nave c'erano gli schiavi".
"infondo" non è forma corretta perché, così scritto, il vocabolo diventa voce del verbo infondere.
Es. "Io infondo terrore".

IN GAMBA   (Corretto)

O

INGAMBA   (Errato)

Es. "Quel tennista è davvero in gamba".

IN QUANTO   (Corretto)

O

INQUANTO   (Errato)

Es."Non comprai quella macchina usata in quanto era troppo vecchia".

INACCETTABILE   (Corretto)

O

IN'ACCETTABILE   (Errato)

Es. "Era una proposta inaccettabile".

INERENTE A   (Corretto)

O

INERENTE UN, UNA   (Errato)

Nella forma corretta si scrive: "inerente a qualcosa, a qualcuno/a"
Es. "Si tratta di un argomento inerente alla scuola".
Non si scrive: "Inerente qualcosa, qualcuno/a".

INFATTI (Corretto)
O
IN FATTI **(Errato)**

Es. "Dubitavo che facessi i compiti, infatti non li hai fatti."

INFINE   (Corretto)
O
IN FINE   (Raro)

Es. "Dopo lunga discussione, infine si convinse"

INNANZITUTTO (Corretto)
O
INNANZI TUTTO (Corretto)

INNOCUO (Corretto)
O
INNOQUO **(Errato)**

Es. "Quel cane è innocuo, non morde".

INOLTRE (Corretto)
O
IN OLTRE **(Errato)**

Es. "Era un ottimo calciatore, inoltre era un discreto tennista".

INSEGNARE (Corretto)
O
IMPARARE **(Errato)**

Es. "Gli ho insegnato a scrivere".
Non già : "Gli ho imparato a scrivere"
Ovviamente "imparare" è corretto se scrivo: "Io ho imparato a scrivere".

INSIEME CON (Corretto)
O
INSIEME A **(Corretto)**

"Insieme con" sarebbe la forma più corretta, ma è forse più fluida ed eufonica "insieme a".
Es."Insieme con te sto bene"
     "Insieme a te andrei in capo al mondo"

INTANTO **(Corretto)**
O
PER INTANTO **(Errato)**

Nel frattempo, mentre etc.
Es. Intanto che aspetti puoi prendere un aperitivo.
Non è corretto dire:"aspetta, per intanto prendi un aperitivo".

INTELLIGIBILE (Corretto)
O
INTELLEGIBILE (Corretto)

INTERVENNE (Corretto)
O
INTERVENÌ **(Errato)**

La forma corretta da impiegare della terza persona del passato remoto di "intervenire" è "intervenne"

INTRAVEDERE (Corretto)
O
INTRAVVEDERE **(Errato)**

Es. "Mi è sembrato di intravedere un'ombra nel giardino".
"Intravedere", "intravisto": sempre con una sola "v".
A giustificazione di chi sbaglia bisogna dire che molti prefissi richiedono il raddoppiamento successivo (Es. "fra" = frapporre; "sopra" = soprassedere etc.). Non è il caso di "intra"

INVANO **(Corretto)**
O
IN VANO **(Errato)**

Il significato è : "Inutilmente".
Es. "Ho tentato invano di convincerlo".

INVERO **(Corretto)**
O
IN VERO **(Errato)**

Significato : "Per la verità, in verità".
Es. "Se usasse gli occhiali, invero, vedrebbe meglio".

IRRUENTO **(Corretto)**
O
IRRUENTE **(Corretto)**

Vanno bene ambedue le forme.
"Irruente" è più direttamente collegabile all'etimo latino.

L

L'ALTR'ANNO   (Corretto)
O
LALTRANNO   **(Errato)**
L'ALTRANNO   **(Errato)**

LÀ   **(Corretto)**
O
LA   **(Errato)**

Avverbio di luogo.
Es. "Ci troviamo tutti là".
Senza l'accento "la" è semplicemente articolo determinativo o pronome. Alcuni esempi:
Es. di articolo   "La mela"
Es di pronome: "La interrogheranno domani".

LA PREGO DI SCUSARE   **(Corretto)**
O
LA PREGO SCUSARE   **(Errato)**

La prima frase delle due è corretta perché la preposizione semplice "di" regge il verbo all'infinito.
La seconda frase, benché di uso frequente, non è corretta.

LAGGIÙ   **(Corretto)**
O
LÀ GIÙ   **(Errato)**

Es. " Sono scesi laggiù, in fondo al mare".

LASSÙ **(Corretto)**
O
LASSU **(Errato)**
LÀ SU **(Errato)**
LASÙ   **(Errato)**

LE   (Corretto)
O
GLI   **(Errato)**

"Le" pronome indiretto che si riferisce al femminile. Se si parla di una donna si dice: "Le regalerò dei fiori" e non "Gli regalerò dei fiori".
È dunque sbagliato, parlando di una donna, usare il pronome "**gli**"
Ovviamente "le" è anche articolo determinativo femminile plurale.
Il pronome "**le**" è altresì usato molto spesso in modo gravemente erroneo quando viene riferito a terza persona di sesso maschile: "Sono andato da lui e le ho detto il fatto suo".

LI   (Corretto)
O
LI   **(Errato)**

Perché lo stesso termine può essere corretto o sbagliato?
È corretto se usato come pronome plurale
Es. "Li vedo in TV"
È sbagliato se usato come pronome singolare.
Es. "Li dico il fatto suo!". Cioè dico a lui/a lei
In questo caso, ovviamente, si dovrebbe dire: "Gli dico il fatto suo!" , "Le dico il fatto suo".
Questo errore madornale è abbastanza frequente: più nel linguaggio parlato che in quello scritto.

LÌ (Corretto)
O
LI   **(Errato)**

Avverbio di luogo.
Es. "Devo essere lì alle diciotto in punto".
Come avverbio di luogo, senza accento è sbagliato.

LITIGHIAMO (Corretto)

O

CI LITIGHIAMO **(Errato)**

Si dice : "Litighiamo" e non "ci litighiamo.
Questo errore è però compiuto prevalentemente al passato: "Ci
siamo litigati".

M

MA (Corretto)

O

MA PERÒ (Errato)

Se si usa "ma", si esclude "però". O viceversa.
Spesso la presenza di un pleonasmo, cioè di una o più parole superflue, non è considerato errore nel linguaggio parlato, ma una ridondanza.
Meglio scrivere solo "ma" o solo "però".

MALEVOLO (Corretto)

O

MALEVOLE (Desueto)

Vale quanto detto per "Benevolo"

MALGRADO (Corretto)

O

MAL GRADO (Corretto)

MENO MALE (Corretto)

O

MENOMALE (Corretto)

Entrambe le forme sono corrette.
Es. "Meno male che abbiamo fatto le provviste necessarie per tutto il mese".

METEOROLOGIA (Corretto)

O

METEREOLOGIA (Errato)

Es. "La meteorologia ci informa sul mutamento del tempo".

MONOLITO   (Corretto)
O
MONOLITE   (Corretto)

Il significato in entrambi i casi è identico : "Blocco roccioso tutto d'un pezzo", "struttura architettonica in blocco unico" e, per estensione, qualsiasi grosso oggetto costruito in pezzo unico. Spesso, in senso lato e metaforico, si dice anche di un uomo forte tanto nel senso fisico che in quello morale: "È monolitico!"

N

NE   (Corretto)
O
NÉ   **(Errato)**

Avverbio. Es."Ce ne ridiamo".
Come avverbio se scritto con l'accento è sbagliato.

NÉ   (Corretto)
O
NE   **(Errato)**

Congiunzione
Es."Non voglio né l'uno, né l'altro".
Come congiunzione, senza accento, il termine è sbagliato.

NEMMENO   (Corretto)
O
NÉ MENO   **(Errato)**

Es. "Non ricordo nemmeno il suo viso".

NEOFITA   (Corretto)
O
NEOFITO   (Corretto)

La variante "neofito" è poco usata se non desueta.

NEPPURE   (Corretto)
O
NÉ PURE   **(Errato)**

Es. "Neppure tu sai quel che dici".

NONCHÉ   (Corretto)
O
NON CHE   **(Errato)**

Es. "Conseguì la laurea nonché un dottorato".
"Non che" è corretto con altro significato:
Es. "Non che gli volessi male, però mi era antipatico".

NONDIMENO   (Corretto)
O
NON DI MENO (Corretto)

Forme ambedue corrette. Secondo alcuni, la seconda sarebbe
errata. In base alle nostre ricerche può invece considerarsi corretta.
Es "Ebbe diverse disavventure, nondimeno (non di meno) riuscì a
sposarsi".

NON FA NIENTE   (Corretto)
O
FA NIENTE   **(Errato)**

Cioè "Non importa"
Nel linguaggio parlato si elidono parole e si abbreviano molte frasi.
In questo caso capita spesso che si dica "…fa niente" restando così
sott'intesa la negazione "non". Ma se la cosa è accettabile nella
conversazione orale, non lo è nella frase scritta.

NONNULLA   (Corretto)
O
NON NULLA   (Raro)

Es. "Se la prende per un nonnulla"

NONOSTANTE   (Corretto)

o

NON OSTANTE   (Corretto)

o

NONOSTANTE CHE (Corretto)

I tre termini sono corretti.
Es. "Ho nuotato nonostante il freddo".
   "Non ostante il mal di testa assistetti allo spettacolo".
   "Nonostante che venisse da lontano, arrivò in orario".
In linea di massima sarebbe più corretta la forma "nonostante che"
rispetto al semplice "nonostante".

NUZIALE   (Corretto)

o

NUNZIALE   (**Errato**)

Si dice "nuziale" e non "nunziale". Un noto presentatore televisivo
continua da anni, imperterrito, a sbagliare il termine. E nessuno lo
corregge!

O

OBIETTIVO   (Corretto)
O
OBBIETTIVO (Meno usato)

OGGIGIORNO   (Corretto)
O
OGGI GIORNO   (Errato)

Es. "Oggigiorno le cose vanno così

OGNI QUALVOLTA   (Corretto)
O
OGNIQUALVOLTA   (Corretto)
O
OGNI QUAL VOLTA   (Errato)

I primi due termini sono corretti.
Significato: "Ogni volta che".

OGNUNO   (Corretto)
O
OGNIUNO   (Errato)

OK   (Corretto)
O
OKAY   (Corretto)

Espressione di assenso e approvazione, entrata ormai nell'uso comune di quasi tutte le lingue.

OLTREMISURA   (Corretto)
O
OLTRE MISURA   (Corretto

Si scrivono correttamente ambedue le accezioni
Es. "Le tue illazioni sono andate oltremisura".

OLTREMODO   (Corretto)
O
OLTRE MODO ...(Corretto)

Si scrivono correttamente ambedue i termini.
Es. "Sei stato oltremodo scorretto".

OPPURE   (Corretto)
O
O PURE   (Errato)

Es. "Prendi quella strada, oppure l'altra più breve".

OSSEQUENTE   (Corretto)
O
OSSEQUIENTE   (Errato)

Es. "A parer mio è troppo ossequente".

OSSEQUIO   (Corretto)
O
OSSEQUO   (Errato)

Es. "Ho sensi di profondo ossequio per quel personaggio".
   "Ho mandato un regalo in ossequio al direttore".
Al plurale "Ossequi".
Es. "Ossequi alla signora".

OSSIA   (Corretto)
O
O SIA   (Errato)

Es. "Andare a ritroso, ossia in senso contrario".

OVVERO   **(Corretto)**
O
O VERO   **(Errato)**

Es. "Q. Fabio Massimo era detto il *cunctator,* ovvero il temporeg-
giatore

OVVEROSIA   **(Corretto)**
O
O VERO SIA   **(Errato)**
OVVERO SIA   **(Errato)**

Es. "Era estremamente parsimonioso ovverosia avaro".

P

PAPPAMOLLE   (Corretto)
o
PAPPA MOLLE   (Corretto)
o
PAPPAMOLLA   (Errato)

Dicesi di persona debole, priva di volontà e di coraggio.
"Pappamolle" o "Pappa molle" (si può scrivere in unica parola come sostantivo o in due: sotantivo+aggettivo).
"Pappamolla", invece, non è corretto, sebbene venga spesso usato popolarmente.

PER CUI   (Corretto)
o
PERCUI   (Errato)

Es. "Questo è un principio per cui lottare".
   "Era talmente inflessibile per cui dovetti desistere".

PER DI PIÙ   (Corretto)
o
PERDIPIÙ   (Errato)

PER L'APPUNTO   (Corretto)
o
PERLAPPUNTO   (Errato)

Significati: "Esattamente", "Proprio così", "infatti", "l'hai detto!"

PERALTRO   (Corretto)
o
PER ALTRO   (Corretto)

Ambedue i termini sono corretti.

Es. "Peraltro sarebbe opportuno un altro controllo"
   "Sarebbe per altro opportuno un altro controllo"

PERCHÉ   **(Corretto)**
O
PERCHÈ   **(Errato)**

I due termini si distinguono per via della tipologia di accento.
Il termine è corretto se ha l'accento acuto, è errato se ha l'accento grave.

PERCIÒ   **(Corretto)**
O
PER CIÒ   **(Errato)**

Es. "Gli dissero che lo avrebbero inseguito, perciò si nascose".

PERFINO   **(Corretto)**
O
PER FINO   **(Errato)**

Es. "Ne parla perfino lei che notoriamente non è una pettegola".

PERLOMENO   **(Corretto)**
O
PER LO MENO   **(Corretto)**

Es. "Abbiamo percorso insieme perlomeno mille chilometri".
La grafia di questo avverbio è accettata, ma la più diffusa è "perlomeno".

PERLOPIÙ   **(Corretto)**
O
PER LO PIÙ   **(Corretto)**
Si scrive correttamente in ambedue i modi.

80

Es. "Perlopiù passeggiamo nel corso".
   "Per lo più passeggiamo nel corso".
Vale quanto detto per "Perlomeno"

PERTANTO　　(Corretto)
O
PER TANTO　　(Errato)

Es. "Ho percepito lo stipendio, pertanto pagherò l'affitto dell'appartamento".

PIUTTOSTO　　(Corretto)
O
PIU TOSTO　　(Errato)

Es. "Piuttosto che invitarlo a pranzo gli regalo un abito!"

PO'　　(Corretto)
O
PO　　(Errato)

È la forma tronca di "poco", e l'apostrofo elide la seconda sillaba (co).
Es." Piuttosto che mangiare troppo di una sola pietanza è preferibile assaggiare di tutto un po' ".

POC'ANZI　　(Corretto)
O
POCANZI　　(Errato)

Es. "L'ho vista poc'anzi".

POICHÉ (Corretto)
O
POI CHE (Arcaico)

Es. "Poiché non mi stai a sentire, non parlo più".

PORTAFOGLI (Corretto)
O
PORTAFOGLIO (Corretto)

Tra le due forme c'è differenza.
"Portafogli" è il contenitore in pelle o plastica, con diverse tasche, atto a contenere cartamoneta, carte di credito e simili.
"Portafoglio" è più usato per indicare la borsa per documenti o altri incartamenti governativi. Altro significato è riferibile al patrimonio clienti di un'azienda o ai valori posseduti da un ente finanziario. I due termini sono invariabili.

PRESSAPPOCO (Corretto)
O
PRESSAPOCO (Errato)
PRESS'A POCO (Errato)

Avverbio. Significato: "All'incirca, approssimativamente".
Es. " Sono pressappoco le dieci"

PREVENNI (Corretto)
O
PREVENII (Errato)

Passato remoto del verbo PREVENIRE

PROFICUO   (Corretto)

O

PROFIQUO   **(Errato)**

Significato:"Che produce reddito, guadagno, ricco risultato".
Es. "Un lavoro proficuo".
    "Il suo impegno negli studi è proficuo"

PROFLUVIO   (Corretto)

O

PROFFLUVIO   **(Errato)**

Significato: "Scorrimento, flusso abbondante di liquido e, in senso figurato di parole"
Es. "Un profluvio di sangue"
    "Un profluvio di ingiurie"

PROMISCUO   (Corretto)

O

PROMISQUO   **(Errato)**

Significato: "Misto; insieme diverso".
Es. "Stava in un ambiente promiscuo".
(In cui potevano esserci maschi e femmine; sposati e non; eterosessuali e omosessuali etc.)

PROPRIO   (Corretto)

O

PROPIO   **(Errato)**

Es. "L'ho riconosciuto, era proprio lui".
    " Scelgo proprio quella pietanza".

PROSIEGUO   (Corretto)
O
PROSEGUO   (Corretto)

Ambedue i termini sono corretti: ciascuno con diverso significato "Prosieguo" non è verbo, ma sostantivo maschile che significa"Proseguimento, continuazione", mentre"Proseguo" è prima persona singolare, presente indicativo, del verbo proseguire.
Es. del primo significato: "Il prosieguo della storia";
Es. del secondo caso: "Proseguo il cammino a piedi"

PSICOANALISI   (Corretto)
O
PSICANALISI   (Corretto)

Si possono usare entrambi i termini. Vi sono differenze che riguardano diatribe tra freudiani e lacaniani: a noi poco importano.

PURTROPPO   (Corretto)
O
PUR TROPPO   (Errato)

Es. "Mi dispiace, purtroppo non posso fare niente per te".

Q

QUA   (Corretto)
O
QUÀ   (Errato)

L'avverbio qua, non deve essere accentato
Es. "Qua la mano, facciamo pace".
    "Qua non c'è nessuno".

QUAGGIÙ   (Corretto)
O
QUAGGIU   (Errato)

QUAL È   (Corretto)
O
QUAL' È   (Errato)

Forma corretta che, notate, non contiene apostrofo.
Es. "Qual è la persona che non pretende rispetto!".

QUALCOSA   (Corretto)
O
QUAL COSA   (Errato)

QUALCUN ALTRO (Corretto)
O
QUALCUNALTRO   (Errato

Forma corretta perché siamo in presenza di un troncamento . Infatti
nella parola"qualcun", si è verificata la caduta della "o"

QUALORA (Corretto)

O

QUAL'ORA **(Errato)**

QUAL ORA **(Errato)**

A QUALORA **(Errato)**

Es. "Qualora decidessi comunicamelo subito".

"Qualora" è congiunzione che introduce l'uso del congiuntivo.

Quindi è errato dire: "Qualora decidi comunicamelo subito".

QUANT'ALTRO (Corretto)

O

QUANTALTRO **(Errato)**

Es. "Prese gli effetti personali e quant'altro potesse servirgli".

Questo sarebbe un esempio dell'uso corretto del termine, ma accade da diversi anni che si abusi dello stesso impiegandolo alla fine della frase: "Ho detto ciò che ci si aspettava da me e quant'altro".

QUANTOMAI (Corretto)

O

QUANTO MAI (Corretto)

Termini usati entrambi correttamente con il significato di " Molto, oltremodo".

Es. "Quella frase fu quantomai oltraggiosa".

QUANTOMENO (Corretto)

O

QUANTO MENO (Corretto)

Termini usati entrambi correttamente con il significato di "Al minimo, almeno".

Es. "Quantomeno pagherà il costo della benzina per il viaggio".

QUANTOPIÙ   **(Corretto)**
O
QUANTO PIÙ   **(Corretto)**

Termini usati entrambi correttamente.
Es. "Quanto più cammini, tanto più stai bene".

QUASSÙ   **(Corretto)**
O
QUASSU   **(Errato))**
QUA SU   **(Errato))**

Es. "Quassù si respira aria buona".

QUI   **(Corretto)**
O
QUÌ   **(Errato)**

"Qui" è avverbio di luogo vicino a chi parla e non richiede l'accento.
Es. "Qui non si fuma".

R

REBOANTE   (Corretto)

O

ROBOANTE   (Coretto)

La forma più corretta sarebbe "reboante" perché discende dal latino "reboantem". Ma ormai quella più usata è "roboante", cioè "che risuona".
Altisonante, enfatico, ampolloso: sono alcuni sinonimi.
Es. "Ha detto una frase roboante", cioè "altisonante".

REDIGERE   (Corretto)

O

REDARRE   (Errato)

La forma corretta deriva dal latino "redigere"
Es. "Redigere un atto, un articolo".

RIFLESSO   (Corretto)

O

RIFLETTUTO   (Corretto)

Es. "Un raggio di luce riflesso".
"Riflettuto" participio passato di riflettere: è corretto con il "significato di: "Ho pensato a lungo".

RISCUOTERE   (Corretto)

O

RISQUOTERE   (Errato)

Es. "Devo riscuotere lo stipendio".

RISUSCITARE   (Corretto)

O

RESUSCITARE   (Corretto)

RIUSCIRE   (Corretto)
O
RIUSCIRE   (**Errato**)

Corretto o errato a seconda del significato.
È corretto nel senso di aver successo in un'azione.
Es." Riuscire a correre".
   "Riuscire negli studi"
Forma sbagliata nel significato di "uscire di nuovo".

S

SALSICCIA   (Corretto)
O
SALCICCIA   (Errato)

Il termine corretto è "salsiccia" perché deriva dal latino "salsicia".
Se non lo si vuol considerare termine errato "Salciccia" è da
definirsi quantomeno dialettale.-

SCUOLA   (Corretto)
O
SQUOLA   (Errato)

Certo tutti sanno che si scrive con la "C", ma ogni tanto qualcuno si
sbaglia!

SCUOTERE   (Corretto)
O
SQUOTERE   (Errato)

Es. "Scuotere il capo per disapprovazione".

SE   (Corretto)
O
SÉ   (Corretto)

Attenzione: "Se" , senza accento, è corretto come congiunzione.
Es. "Se credi puoi telefonarmi".
"Sé" con accento è corretto come pronome
Es. "Trattenne ogni cosa per sé".

SE STESSO   (Corretto)
O
SÉ STESSO   (Errato)

In questo caso il pronome non ha accento perché non è confondibile con la congiunzione *se*.
Es. "Pensava sempre solo a se stesso"

SEBBENE (Corretto)
O
SE BENE (Errato)

Es. "Sebbene fosse assonnato volle ugualmente guidare la macchina".

SEMMAI (Corretto)
O
SE MAI (Errato)
SEMAI (Errato)

Es. "Semmai decidessi di uscire con te ti telefonerei".

SENNO' (Corretto)
O
SE NO (Errato)
SENO' (Errato)

SENNONCHÉ (Corretto)
SENONCHÉ (Corretto)
O
SE NON CHE (Errato)

Es. "Eravamo sul punto di arrivare sennonché la macchina si fermò".

SENZ'ALTRO (Corretto)
O
SENZALTRO (Errato)

Es. "Ci rivedremo senz'altro tra una settimana".

SEPPURE   **(Corretto)**
O
SE PURE   **(Errato)**

Es: "Seppure volesse non saprebbe farlo"

SHOCK   **(Corretto)**
O
CHOC   **(Corretto)**

"Shock" da preferirsi **a** "Choc" che però è corretto

SI   **(Corretto)**
O
SÌ   **(Corretto)**

"Si" senza accento è pronome. E dunque è corretto.
Es. "Mi si buttò addosso".
"Sì" con accento è avverbio e come tale è corretto
Es. "Sì, sono stato io!".

SICCHÉ   **(Corretto)**
O
SI CHE   **(Errato)**

Es. "Sicché saresti tu il vincitore!"

SICCOME   **(Corretto)**
O
SI COME…..(Errato)

Es. "Siccome non mi hai risposto la prossima volta farò altrettanto".

SISSIGNORE   **(Corretto)**
O
SÌ, SIGNORE   **(Corretto)**

La prima forma è da preferirsi alla seconda.

SOPRATTUTTO   **(Corretto)**
O
SOPRATUTTO   **(Meno usato)**
SOPRA TUTTO   **(Errato)**

SOTTINTESO   **(Corretto)**
O
SOTT'INTESO   **(Errato)**

SOTTOSOPRA   **(Corretto)**
O
SOTTO SOPRA   **(Errato)**

Es. "Ha messo sottosopra tutta la stanza".

STA   **(Corretto)**
O
STÀ   **(Errato)**

Es. "Sta con lui".

SU   **(Corretto)**
O
SÙ   **(Errato)**

"Su" si scrive senza accento Con l'accento è sbagliato.
Es. "Stai su!"

SUCCUBE (Corretto)
O
SUCCUBO (Corretto)

Chi soggiace completamente al volere di un altro.
"Succubo" è più vicino all'etimo latino (succubam = concubina),
ma di fatto il termine è meno usato.
In sostanza è preferibile "Succube", derivato dal francese con
eguale grafia.
Es. "Giovanni è succube della sorella".

SUPPERGIÙ (Corretto)
SU PER GIÙ (Corretto)
O
SU PERGIÙ **(Errato)**

Le prime due forme sono corrette.
Es. "Hanno suppergiù la stessa età".

T

TAL ALTRO (Corretto)

O

TAL'ALTRO   (Errato)

TALMENTE   (Corretto)

O

TAL MENTE   (Errato)

Es. "Fanno degli oggetti talmente belli che ne comprerò ancora".

TALORA   (Corretto)

O

TAL'ORA   (Errato)

Es. "Talora si presentano con un regalo".

TALUNO   (Corretto)

O

TALUNO   (Errato)

TAL'UNO   (Errato)

Es. "Taluno afferma di credere, talaltro no".

TALVOLTA   (Corretto)

O

TAL VOLTA   (Errato)

Es. "Talvolta ricordo episodi della mia infanzia".

TANTOMENO (Corretto)

O

TANTO MENO (Corretto)

Es. "Non amo le feste, tantomeno la confusione".

TANTOPIÙ   (Corretto)
O
TANTO PIÙ   (Corretto)

Es. "Tantopiù forzavo la serratura, meno riuscivo a girare la chiave".

"Non andai alla riunione, tanto più che era inutile".

TE   (Corretto)
O
TÈ   (Corretto)

Nel primo caso si tratta di pronome:
Es. "Venne da te".

"Questo regalo è per te".

"Lo disse proprio a te".
Nel secondo si tratta di sostantivo:

"A quest'ora preferisco un tè"

TRA L'ALTRO   (Corretto)
O
TRALALTRO   **(Errato)**

Es. "Tra l'altro ho gradito anche il pesce".

TUTT'ALTRO   (Corretto)
O
TUTTALTRO   (Desueto)

Es. "Era tutt'altro rispetto alle aspettative".

TUTT'E DUE   (Corretto)

O

TUTTEDUE   (Errato)

TUTTEDDUE   (Errato)

Es. "Siamo stati invitati tutt'e due".

TUTT'OGGI   (Corretto)

O

TUTTOGGI   (Errato)

Es. "A tutt'oggi non abbiamo ancora avuto notizie".

TUTT'UNO   (Corretto)

O

TUTTUNO   (Errato)

Es. "Sono identici, tutt'uno!".
    "Dirlo e farlo fu tutt'uno".

TUTTALPIÙ   (Corretto)

O

TUTT'AL PIÙ   (Corretto)

Si può scrivere in entrambi i modi.
Es. "Tuttalpiù gli posso offrire un pranzo".
    "Era alto tutt'al più un metro e cinquanta".

TUTTAVIA   (Corretto)

O

TUTTA VIA   (Errato)

Es. "Andammo alla festa, tuttavia non trovammo i nostri amici".

TUTTORA   (Corretto)

O

TUTT'ORA   (Raro)

Es. "Quell'abbonamento è tuttora valido".

Uaho **(Corretto)**
o
Uaoh **(Corretto)**

Esclamazione di contentezza più frequente nel linguaggio parlato.

UN ALTRO   **(Corretto)**
o
UN' ALTRO   **(Errato)**

Es. "Vorrei un altro gelato

UN'AMICA   **(Corretto)**
UN AMICO   **(Corretto)**
o
UN'AMICO   **(Errato)**
UN AMICA   **(Errato)**

Per non sbagliare basta tener presente che dopo l'articolo "un":
a) si apostrofano tutte le parole al femminile
b) è sbagliato mettere l'apostrofo in quelle maschili.
Ecco perché non si scrive:
UN'AMICO (in questo caso l'articolo coretto è UN, non già UNA)
UN AMICA (in questo caso l'articolo sarebbe stato infatti UNA
non UN)

URINA   **(Corretto)**
o
ORINA   **(Corretto)**

Al plurale è più usato "urine".
Es: "Esame delle urine".

VA   (Corretto)
O
VA'   (Corretto)
O
VÀ   **(Errato)**

Va = terza persona del presente indicativo del verbo andare
Es. "Mariano va a spasso".
Va' = seconda persona dell'imperativo dello stesso verbo (forma tronca).
Es. "Va' al diavolo!"

VADA (Corretto)
O
VADI **(Errato)**

"Vada" è la terza persona singolare, del presente congiuntivo del verbo andare; anche imperativo.
Es. "È giusto che vada a trovare la vecchia madre".
    "Vada via, non è più gradito!".
Purtroppo si sente e si legge spesso il verbo nella modalità sbagliata!

VENDONSI (Corretto)
O
VENDESI   **(Errato)**

Spesso si trovano cartelli che pubblicizzano la vendita di più oggetti.
Tali cartelli non indicano il verbo al plurale ma al singolare.
Ciascuna delle due forme verbali suindicata è corretta quando concorda con il numero.
RIEPILOGANDO:
"Vendonsi" indica la vendita di più oggetti
"Vendesi" indica la vendita di un solo oggetto

Esempi generali:
"Vendonsi appartamenti" (Corretto)
"Vendesi appartamento" (Corretto)
"Vendesi appartamenti" (Errato)

SECONDA PARTE

SECONDA PARTE

Cerchiamo di scrivere meglio ed evitare certi "errori". Sono il primo a cascarci. Di solito me ne accorgo quando rileggo un mio elaborato dopo averlo lasciato riposare per qualche tempo.

"Eppure" mi dico, "ci sono stato così attento!"

Evidentemente quel po' di concentrazione non basta.

Le sviste e gli errori più frequenti sono quelli che indicherò di seguito.

Incominciamo dalla punteggiatura.

PUNTEGGIATURA

Punto, virgola, punto e virgola, punto esclamativo, punto interrogativo, due punti, vanno attaccati a fine discorso e ci deve essere il giusto spazio con la parola che segue.

Es. "Non ti ascolto più."

"Non ti ascolto più; sarà per un'altra volta."

"Non ti ascolto più!"

"Perché non parli?"

"Perché non parli: non hai niente da dire?"

I punti esclamativi
il punto esclamativo si usa da solo, senza il punto prima o dopo
Es. "Non ci crederesti mai!"
Da notare che si fa troppo abuso del punto esclamativo.
La punteggiatura va utilizzata nella giusta misura.

I tre punti di sospensione
È facile trovare un uso esagerato dei tre puntini di "sospensione"
Essi rappresentano un'interruzione del discorso (non si intende completare la frase anche perché spesso ci si trova di fronte a un sottinteso) e devono essere soltanto tre. Vanno usati:

110

-a fine parola, quando il discorso rimane in sospeso "Non so come dirtelo…",
-al principio della parola, quando la pausa è prima (Sapessi… ci sono rimasto male!),
-staccato tra due parole, quando c'è un'omissione (Bè… ma non lo posso ripetere!),
-quando si riporta un brano a partire da un certo punto, o se ne interrompe la citazione, tralasciandone quindi una parte (…la spoglia immemore, orba di tanto…).

I TRATTINI

È corretto usare il trattino d'unione (quello breve) quando si collegano due parole, un percorso o due date:
Es. "pseudo-genitore", "Lodi-Milano", "2000-2014".

Il trattino breve non deve essere usato per i dialoghi.
Per esempio:
Disse:-Non voglio nulla. (Errato)
Per i dialoghi è invece preferibile utilizzare:
(il trattino più lungo: –).
Es. Egli raccomandò:–Non telefonarmi più! (Corretto)
Ormai, nei dialoghi sono però maggiormente usate le parentesi caporale « »
Le virgolette sono usate per riportare pensieri o intenzioni.
Es. Pensai: "Questa volta gli dirò la verità."
    Avrebbe potuto dirgli: "Tu non fai per me!"
Es. con le caporali:
    Sommessamente disse: «Va bene, accetto.» E lei rispose: «Bene, ne sono felice!»
È invece errato usare questo tipo di parentesi < > (minore-maggiore) proprio perché non sono parentesi.

SPAZIATURA

La qualità di un testo può apparire meno pregevole a causa dell'uso improprio degli spazi tra i diversi segni di interpunzione o delle parentesi.
Esempi corretti:
Egli pensò "Non è abbastanza."
        «Va bene, accetto.»
Gli stessi esempi scritti in modo errato:
" Non è abbastanza. " (Uno spazio di troppo all'inizio e alla fine della frase.)
« Va bene,accetto. » (Uno spazio di troppo all'inizio della frase; uno spazio in meno dopo la virgola; uno spazio di troppo alla fine.

ABBREVIATIVI E APOSTROFI

Nella lingua parlata abbondano gli abbreviativi e gli apostrofi, ma nella scrittura bisogna moderarsi giacché "verba volant, scripta manent."

Es. di abbreviativo scorretto:
"Pò" L'abbreviativo di "poco" è "Po' ": quindi si usa l'apostrofo e non l'accento.
Esempi di apostrofi usati impropriamente:
"Un'uomo",
"Un'altro".
"Un" al maschile non si apostrofa mai. Al contrario si apostrofa sempre al femminile:
Es. "Un'ancora; un'opera; un'era etc."

ACCENTI

In questo modesto manuale si cerca di dare risalto agli errori più comuni che commettiamo nello scrivere. Quindi non vengono sottolineati possibili errori di pronuncia.

Ai giorni nostri, nella lingua italiana, troviamo due tipi di accento:

-**accento grave**: (**"è"**),

-**accento acuto**: (**"é"**).

Le vocali **a**, **i**, **o**, **u**, se in fine di parola hanno l'accento, esso è sempre grave: es. **"facoltà, così, verrò, zulù** ecc."". Quando la vocale **e** richiede l'uso dell'accento a fine parola, esso deve essere acuto: es. "ché, affinché, poiché, perché, etc". Così, come riportato più avanti, anche nei numeri "tre", a partire dal venti si deve impiegare l'accento acuto: es. "ventitré, trentatré, quarantatré etc."; nelle terze persone singolari del passato remoto dei verbi quando finiscono in e: es. "batté, imbatté, poté, etc."

Tuttavia, per capire senza alcun dubbio quando si deve mettere un accento e quando no, è utile fare una brevissima esemplificazione.

Bisogna ricordare che tutte le parole hanno comunque un accento (anche quando non è segnato): è il cosiddetto accento tonico.

Ciò premesso, un accento va posto obbligatoriamente quando la sua assenza genera equivoci, ambiguità o differenza di significato. In questi casi, se non lo si mette, si può tranquillamente parlare di "errore".

Ma anche inserire un accento laddove non deve essere posto potrebbe ingenerare confusione o persino errore grave.

Ci limiteremo a segnalare i casi in cui dobbiamo mettere l'accento.

a) Su tutte le parole di due o più sillabe, che finiscono con vocale accentata (tronca): serietà, gioventù, libertà, perché, laggiù, (nelle maggior parte delle terze persone dei verbi al passato remoto: mangiò, amò, gioì, finì, lottò). Come già detto, nei numeri che finiscono con il tre, a partire da ventitré (però mille e tre, duemila e tre etc. non richiedono l'accento);

b) sui monosillabi che terminano con due vocali di cui la seconda ha suono tronco, es.: ciò, già, giù, piè, più, può. Come sappiamo fanno eccezione: *su, qui* e *qua*.

c) Deve essere posto l'accento sui seguenti monosillabi (in questi casi la cosa è necessaria al fine di distinguerli da altri monosillabi. Quelli che citiamo se non accentati, avrebbero infatti, un senso completamente diverso), essi sono: **ché** nel significato di poiché, perché (congiunzione causale: es. "lascialo perdere ché ti comprometti!"). L'accento si differenzia così da *che*, congiunzione o pronome: es. "non si aspettava che la tradisse"; **dà**, indicativo presente di dare: "dà sempre tutto per scontato." In vece *da* privo di accento è preposizione semplice: es. "viene da Roma"; dal **da'**, imperativo di dare: es. "da' tutto a me,altrimenti ti denuncio!"; **dì**, nel significato di giorno: es. "lavora tutto il dì" e ciò per distinguerlo da *di*, preposizione: es. "ti prego di smetterla"; **di'**, imperativo di dire: es. "una volta per tutte: di' cosa ne pensi"; **è** verbo: es. "ciò che mi dicono di te è del tutto vero", questo al fine di distinguerlo da *e* congiunzione: es. "io, tu e le rose"; **là**, avverbio di luogo: es."mettiti là in un angolo": in questo caso la distinzione si riferisce a *la* articolo determinativo, pronome e anche sesta nota musicale: es." la pera matura", "la amai a prima vista", "dammi il la"; **lì**, avverbio di luogo: es. " lì non ci andrò mai", per distinguerlo da *li* pronome: es. "se credi li puoi invitare a cena"; **né** congiunzione: es. "chi ha visto il vento? Né io né tu", così lo distinguiamo da *ne* pronome o avverbio: es. "non lo conosco, ma ne ho sentito parlare molto bene", "ne siamo usciti vivi per miracolo"; **sé**, pronome personale: es. "ciò che trovò lo tenne per sé", così lo distinguiamo da *se* pronome o congiunzione: es. "di ciò che trovò se ne tenne la parte migliore"; **sì**, avverbio: es."sì, farò come vuoi", per distinguerlo da *si* pronome: es. "si è costituito spontaneamente".

comesiscrive.it
cultura.nanopress.it
dizionari.corriere.it/dizionario
Dizionario enciclopedico universale, Sansoni;
Enciclopedia Larousse Rizzoli
Hoepli.it, Dizionario italiano
http://www.etimo.it/ (Pianegiani)
http://www.term-minator.it/ita_diz.html
Dizionario italiano multimediale e multilingue d'ortografia e di
pronunzia
Il Nuovo Zingarelli Gigante, Zanichelli;
Il Sabatini Coletti
Il vocabolario della lingua latina, Castiglioni-Mariotti, Loescher;
it.answers.yahoo.com
it.wikipedia.org/wiki
liblog.blogdo.net
sapere.it
wordreference.com
www.akkuaria.com
www.dubidoo.it
www.grandidizionari.it/
www.lessicografia.it
www.treccani.it

NOTE BIOGRAFICHE SULL'AUTORE

Mario Atzori, si è occupato di marketing e di comunicazione d'impresa per cinquanta anni.

Ha fondato la prima agenzia pubblicitaria in Sardegna (Publigedi S.p.A).

Tra le altre attività ha svolto consulenze in ambito marketing editoriale.

Nello stesso periodo, all'interno delle tecniche di comunicazione e di copy writing, ha approfondito diverse problematiche intorno alla semantica.

Ha fatto parte delle più importanti associazioni di categoria del marketing e della comunicazione, tra cui:

IAA (International Advertising Association, New York);

ESOMAR (European Society For Opinion and Marketing Research, Amsterdam);

AISM (Associazione Italiana per gli Studi di Marketing, Milano).

TP (Associazione Italiana Tecnici Pubblicitari - Albo Professionisti - Milano).

HA condotto studi di marketing e comunicazione negli USA. Tra l'altro, con la direzione pubblicità Mondadori, negli anni settanta ha partecipato a un periodo di scambi professionali a New York presso l'agenzia Young &Rubicam.

Ha svolto campagne di marketing e pubblicità in Itala, Europa e negli USA. Eccone alcune:

"Formaggi sardi nel mondo" Consorzio Latterie sociali – "L'estate…continua in Sardegna!" Esit – "Brr Blobs e Peppito" – Toseroni (i primi gelatini fantasmini e quelli con cappellino e cravattino.) Etc.

Ha pubblicato:
-   Il Marketing per l'Agricoltura Biologica, Ares;
-   I Prodotti Agroalimentari della Sardegna, Regione Sardegna, Merella
-   N. 5 dispense in materia di marketing per gli studenti:
-   FORMEZ,
-   GAP e SEPA - Cagliari - Roma,
-   ACCADEMIA ITALIA - Roma,
-   IFOLD – Cagliari,
-   ISSC - Istituto per lo Studio della Sociologia del Consumatore

per i quali Enti ha svolto circa 2000 ore di docenza.
-   Si scrive così… o come? – Manuale -Google Play
-   Le barriere soffolte – Romanzo – Editore Lettere Animate (Reperibile su tutti gli stores in ebook)

Giornalista pubblicista, attualmente è direttore del periodico L'Eco Dei Comuni D'Italia.

Finito di stampare nel mese di Agosto 2014
per conto di Youcanprint *Self - Publishing*

www.ingramcontent.com/pod-product-compliance
Lightning Source LLC
Chambersburg PA
CBHW070909160726
48004CB00003B/1301